SIR JOSHUA REYNOLDS
OU LE PORTRAIT DANS TOUS SES ÉTATS

— À l'aube de la Royal Academy of Arts

par Delphine Gervais de Lafond

50MINUTES

SIR JOSHUA REYNOLDS

- **Naissance ?** Né le 16 juillet 1723 à Plympton (Devonshire).
- **Mort ?** Décédé le 23 février 1792 à Londres.
- **Contexte ?** La peinture anglaise de la seconde moitié du XVIIIe siècle.
- **Œuvres majeures ?**
  - *Portrait de l'amiral Augustus Keppel* (1752-1753)
  - *Miss Nelly O'Brien* (1762-1764)
  - *Les Demoiselles Waldegrave* (1770-1780)
  - *Lady Cockburn et ses trois fils aînés* (1773)
  - *Miss Jane Bowles* (1775)
  - *Sarah Siddons en muse de la tragédie* (1783-1784)

Sir Joshua Reynolds est le plus éminent portraitiste britannique de son époque. Avec plus de 2 000 tableaux à son actif, il est aussi le plus célèbre représentant de l'école anglaise de la seconde moitié du XVIIIe siècle. Pourtant, rien ne le prédestinait à une si belle carrière. Originaire du Devonshire, il passe une enfance tranquille loin de l'effervescence artistique de la capitale. Après un voyage en Italie qui marque profondément sa peinture, l'artiste s'installe à Londres et devient rapidement la coqueluche de l'aristocratie anglaise. À la fin du XVIIIe siècle, son atelier est un lieu incontournable de la vie culturelle où se côtoie toute l'intelligentsia londonienne. Solitaire et discret, certains le jugent individualiste et froid, mais c'est un ami fidèle et un professeur passionné. Membre fondateur et premier président de la Royal Academy, il est fait chevalier par le roi George III (1738-1820) en 1769.

La contribution de Sir Joshua Reynolds à l'histoire de l'art anglais est considérable. Il est à l'origine d'une amélioration considérable de la condition de l'artiste et du statut de l'art dans son pays. L'ensemble de ses *Discours* prononcés à la Royal Academy représente d'ailleurs l'une des premières tentatives de manifeste artistique en Angleterre. Aussi, avec ses compositions inspirées de l'Antiquité, des maîtres flamands et italiens, Reynolds apporte-t-il noblesse et poésie au portrait, révolutionnant un genre considéré alors comme mineur. Il dépoussière et modernise l'ancien portrait géorgien au moyen d'une ligne libre, d'une lumière forte et de couleurs vibrantes. Maître spirituel de plusieurs générations d'artistes anglais, il exerce une immense autorité sur les arts jusqu'à la veille du XXe siècle.

CONTEXTE

L'ANGLETERRE GÉORGIENNE

L'époque géorgienne est une période de l'histoire britannique qui s'étend de 1714 à 1830 et qui comprend les règnes successifs de George Ier (1660-1727), George II (1683-1760), George III (1738-1820) et George IV (1762-1830). Elle fait suite à la dynastie des Stuarts et précède l'époque victorienne.

Le XVIIIe siècle est synonyme de grande prospérité pour l'Empire britannique qui atteindra son apogée au siècle suivant, devenant l'empire colonial le plus vaste au monde. Berceau de la révolution industrielle, la Grande-Bretagne est à cette époque une puissance politique, militaire et financière montante. Plusieurs avancées techniques dans les domaines industriel et agricole voient le jour (par exemple la machine à vapeur) ou sont en gestation (notamment le chemin de fer). D'importantes réformes économiques, sociales et juridiques s'amorcent. L'abolition de l'esclavage, par exemple, prend racine dans les années 1790, même si elle ne sera définitivement votée qu'en 1833. Toutefois, le passage du XVIIIe au XIXe siècle est marqué par deux conflits politiques d'envergure : la guerre de l'Indépendance américaine (1775-1783), qui oppose le royaume à ses colonies d'Amérique du Nord, et les guerres napoléoniennes contre la France (1803-1815).

D'un point de vue culturel, la Grande-Bretagne connaît également un véritable âge d'or avec la fondation de grandes institutions telles que le British Museum et la Royal Academy, l'avènement de l'architecture néo-gothique, la popularisation du théâtre et de l'opéra, ainsi que l'émergence de véritables icônes dramatiques telles que

David Garrick (1717-1779) et Sarah Siddons (1755-1831). La littérature accueille de grands penseurs, écrivains et poètes parmi lesquels figurent Henry Fielding (1707-1754), Samuel Johnson (1709-1784) et Horace Walpole (1717-1797). La fin du siècle voit quant à elle naître des auteurs aussi célèbres que Sir Walter Scott (1771-1832), Samuel Taylor Coleridge (1772-1834), Lord Byron (1788-1824) ou encore John Keats (1795-1821). Enfin, en peinture, trois grands maîtres se partagent l'affiche : William Hogarth (1697-1764), Sir Joshua Reynolds et Thomas Gainsborough (1727-1788).

LE MÉTIER D'ARTISTE AVANT LA ROYAL ACADEMY

Être artiste à Londres au XVIIIe siècle est un pari risqué, car la concurrence y est rude. Parmi les 800 peintres présents dans la capitale, une poignée seulement parvient à vivre correctement de son art. Pour décrocher des commandes, les artistes doivent s'attirer les faveurs d'une élite qui fait la pluie et le beau temps dans une société où les apparences font loi, où les goûts sont versatiles et où la mode est éphémère.

Tout au long de la première moitié du siècle, les conditions d'exercice de la profession ne sont pas clairement définies, bien que quelques tentatives voient le jour afin d'encadrer le métier d'artiste. Il existe par exemple des écoles de dessin, comme celle de St Martin's Lane, qui suivent le modèle français de l'Académie royale de peinture et de sculpture. Ces sociétés artistiques sont composées de riches gentlemen dont la plupart ont effectué le Grand Tour sur le continent.

En 1754, la Society of Arts (Society for the encouragement of Arts,
Manufactures and Commerce) offre un premier soutien financier
aux artistes en organisant des prix et des expositions. Puis, en 1761,
la Society of Artists of Great Britain, une association rassemblant des
artistes, est créée dans le but d'instaurer une exposition annuelle sur
le modèle du Salon parisien. Joshua Reynolds est, à cet égard, animé
par une profonde volonté de faire avancer le statut de l'art dans son
pays. Membre de ces deux premières sociétés, il jouera également
un rôle déterminant au sein d'une toute nouvelle institution, la plus
prestigieuse de Grande-Bretagne, la Royal Academy of Arts, qui verra
le jour en 1768.

LE MODÈLE FRANÇAIS

Au XVIIIe siècle, la France exerce une autorité absolue sur les arts en
Europe. Littérature, théâtre, beaux-arts, chaque discipline célèbre
l'idéal français. Le théâtre anglais suit les règles classiques des
pièces de Pierre Corneille (1606-1684) et de Jean Racine (1639-1699).
En architecture, en peinture et dans les arts décoratifs, la mode
est d'abord au style rococo, inspiré des artistes français Antoine
Watteau (1684-1721), François Boucher (1703-1770) et Jean-Honoré
Fragonard (1732-1806), avant de céder le pas au néoclassicisme à la

fin du XVIII⁰ siècle. Inaugurant un retour au classicisme inspiré de l'Antiquité, ce style trouve son meilleur représentant en peinture en la personne de Jacques-Louis David (1748-1825).

Fondée à Paris en 1648, l'Académie royale de peinture et de sculpture est la plus ancienne académie consacrée aux arts. Son exposition annuelle, le Salon, est un rendez-vous incontournable de la vie artistique aux XVIII⁰ et XIX⁰ siècles. Les valeurs enseignées par l'Académie prônent l'étude des maîtres anciens, en particulier de la statuaire gréco-romaine et de la Renaissance italienne, ainsi que le respect de la hiérarchie des genres, la peinture d'histoire, allégorique ou religieuse occupant la première place devant le portrait, la scène de genre, le paysage et, enfin, la nature morte. C'est dans le but de rivaliser avec cette vénérable institution que naît la Royal Academy.

BIOGRAPHIE

DES DÉBUTS PROMETTEURS

Joshua Reynolds naît le 16 juillet 1723 à Plympton, une petite ville du comté de Devon située en banlieue de Plymouth, au sud-ouest de l'Angleterre. Issu d'une famille d'ecclésiastiques, il évolue dans un milieu cultivé et reçoit une bonne éducation.

Le jeune garçon manifeste un goût précoce pour l'art, qu'il découvre à travers les livres, gravures et dessins conservés dans la bibliothèque familiale. Très tôt, il en copie les illustrations et semble doué pour la perspective. Le célèbre traité de Jonathan Richardson (*An Essay on the Theory of Painting*, 1715) éveille en lui un grand intérêt pour la peinture. Ses biographes racontent que n'ayant pas assez d'argent pour s'acheter du papier et des crayons, il se mit à griffonner sur les murs de l'école avec un bâton brûlé !

À l'aube de ses 18 ans, suivant les conseils d'un ami de la famille, il est envoyé à Londres sous la tutelle de Thomas Hudson (1701-1779). Celui-ci jouit d'une solide réputation de portraitiste et, comme un signe du destin, c'est un ancien élève de Richardson. Alors que son contrat prévoit un apprentissage de quatre ans, Reynolds quitte Londres après seulement deux ans pour retourner vivre dans sa région natale. Ce départ précipité trouverait son origine dans la jalousie du maître envers son élève.

De retour à Plympton, il honore ses premières commandes, réalise plusieurs portraits et quelques paysages. Reynolds est alors marqué par un artiste local du nom de William Gandy (mort en 1729) qui l'impressionne par son utilisation vibrante de la couleur et la texture

« crémeuse » qu'il arrive à donner à sa peinture. Cette rencontre joue un rôle fondamental dans le cheminement artistique du jeune homme. Mais un voyage va bientôt changer sa façon de concevoir l'art et faire décoller sa carrière d'artiste.

LE VOYAGE INITIATIQUE EN ITALIE

En 1749, son ami l'amiral Augustus Keppel (1725-1786) l'invite à prendre place à bord du *Centurion*, un superbe trois-mâts de la Royal Navy en route pour la Méditerranée. Le voilà embarqué pour un périple de quatre ans, à l'assaut du Grand Tour. Après quelques escales au Portugal, en Afrique du Nord et sur la péninsule ibérique, ils atteignent l'Italie par Livourne. Première étape : Rome.

Dans la capitale italienne, Reynolds est frappé par la noblesse de la sculpture antique et la beauté des chefs-d'œuvre de la Renaissance. Pendant deux ans, il copie les œuvres de Michel-Ange (1475-1564) ainsi que celles de Raphaël (1483-1520), et perfectionne son traitement de la lumière et de la forme. Mais les longues heures passées à arpenter les salles glaciales du Vatican finissent par le rendre malade : il prend froid et devient sourd d'une oreille. En avril 1752, il quitte Rome pour visiter Naples, Florence, Bologne et Venise, où il s'émerveille devant la puissance chromatique de Titien (vers 1488-1576). Puis il traverse successivement Milan, Turin et Lyon avant de regagner l'Angleterre en passant par Paris.

UNE ASCENSION FULGURANTE

De retour au pays en 1753, Reynolds travaille quelque temps à Plymouth sur des portraits qu'il vend très bon marché, puis il retourne à Londres et s'installe à St Martin's Lane, un quartier très prisé des artistes. Cette fois, le peintre est bien décidé à faire fortune : il hausse le prix de ses toiles et, gagnant en réputation, reçoit de plus en plus de commandes. En peu de temps, Reynolds devient un portraitiste très demandé, si bien qu'il doit s'entourer d'assistants auxquels viennent bientôt s'ajouter quelques élèves. Le portrait de son ami Keppel, qu'il réalise entre 1752 et 1753, achève de consacrer son talent auprès de la haute société londonienne. En 1758, il peint même plusieurs portraits de la famille royale.

Deux ans plus tard, il emménage dans sa dernière demeure, située dans le quartier huppé de Leicester Fields (devenu Leicester Square). 1760 est une année faste pour Reynolds qui réalise pas moins de 120 portraits. Et l'année suivante, deux événements majeurs de la société londonienne lui apportent encore de nombreuses commandes : le mariage et le couronnement du roi George III. La moitié de l'aristocratie souhaite se faire représenter par l'artiste dans ses plus beaux atours. Après cette période laborieuse, le peintre quitte Londres et voyage dans la campagne anglaise pendant plusieurs mois. En 1764, Reynolds et son ami l'écrivain Samuel Johnson, plus connu sous le nom de « Docteur Johnson », fondent un club Littéraire, le *Literary Club*. Ce cercle d'érudits, qui compte parmi ses premiers membres des amis intimes du maître, prend ses quartiers dans le pub *Turk's Head* à Soho.

LA CRÉATION DE LA ROYAL ACADEMY

L'année 1768 est une date mémorable dans l'histoire de la peinture anglaise. Alors que la Society of Artists est sur le déclin, les amis du Club souhaitent organiser une exposition annuelle sur le modèle du Salon de Paris, sous le patronat du roi. Ils discutent alors de la fondation d'une nouvelle institution artistique et l'architecte Sir William Chambers (1723-1796) est envoyé pour convaincre George III de soutenir le projet. En décembre, le roi donne son accord : la Royal Academy of Arts est née et Reynolds est choisi à l'unanimité pour en être le premier président. Le principal objectif de l'institution est de proposer pour la première fois en Angleterre un encadrement aux écoles d'art. Outre sa vocation d'enseignement, elle prévoit également l'organisation d'une exposition annuelle ouverte à tous, la *Summer Exhibition*. Dans un premier temps, la Royal Academy est accueillie à Pall Mall avant d'être transférée en 1780 dans une aile de la Somerset House construite par Chambers.

Le 2 janvier 1769, Reynolds donne son premier *Discours* aux membres de l'Academy dans lequel il rappelle que l'art est un objet d'étude à part entière. Celui-ci marque le point de départ d'une série de quinze *Discours* délivrés par le peintre entre 1769 et 1790.Le 21 avril de la même année, Joshua Reynolds est anobli par le roi George III, obtenant ainsi le titre de sir, une distinction qu'un artiste n'avait pas reçue depuis plus de trente ans. Quelques jours plus tard s'ouvre la première exposition de la Royal Academy, à laquelle Reynolds présente quatre toiles.

LES DERNIÈRES ANNÉES

Les années 1770 sont moins productives que les précédentes. Le travailleur acharné qu'est Joshua Reynolds est concurrencé par d'autres artistes qui lui font de l'ombre. Thomas Gainsborough, son rival de toujours, mais aussi George Romney (1734-1802). Le président de la Royal Academy diversifie alors ses thèmes picturaux, tout en continuant les portraits, et se tourne vers les sujets mythologiques et religieux. En 1781, Reynolds séjourne en Hollande et en Belgique. Il y parcourt les églises et les musées, et découvre avec joie les œuvres de Rubens (1577-1640) et de Rembrandt (1606-1669).

Le talent du peintre ne faiblit pas avec les années, comme l'attestent plusieurs chefs-d'œuvre de cette période de maturité : *Lady Cockburn et ses trois fils aînés* (1773), *Les Demoiselles Waldegrave* (1780), le *Portrait du jeune colonel Tarleton* (1782) ou *Sarah Siddons en muse de la tragédie* (1783-1784). Quelques projets sont également avortés, comme c'est le cas de la Nativité imaginée par l'artiste pour la cathédrale Saint-Paul, détruite dans l'incendie du Belvoir Castle en 1816 avec 18 autres tableaux de l'artiste.

En 1784, à la mort d'Allan Ramsay (1713-1784), Joshua Reynolds remplace ce dernier au poste de peintre ordinaire du roi. Mais George III n'aime pas son style et lui reproche le rendu grossier et inachevé de ses peintures. L'année suivante, l'artiste est commissionné par la reine Catherine II de Russie (1729-1796) pour réaliser un tableau d'histoire. Il choisit de représenter une scène mythologique figurant Hercule enfant.

En juillet 1787, alors qu'il travaille sur un portrait, Reynolds est frappé de cécité partielle à l'œil gauche dont il perd l'usage quelques semaines plus tard. La maladie oculaire, probablement causée par une tumeur, se propage ensuite du côté droit, le contraignant à abandonner la peinture pendant quelque temps. En 1790, il donne son dernier *Discours* à la Royal Academy, terminant ses adieux par un éloge à l'artiste qu'il admire le plus, Michel-Ange. Les douleurs et la fatigue l'affaiblissent considérablement et la dépression le gagne peu à peu, d'autant plus qu'en 1791, une infection du foie vient encore aggraver son état. Il s'éteint finalement le 23 février 1792 dans sa maison de Leicester Fields et est enterré dans la cathédrale Saint-Paul.

LA BOYDELL SHAKESPEARE GALLERY

Souhaitant créer une école de peinture d'histoire qui rivaliserait avec celle du continent, l'éditeur anglais John Boydell (1720-1804) imagine un projet autour de la figure de William Shakespeare (1564-1616), véritable icône nationale au XVIIIe siècle. Il fait alors appel aux plus grands peintres anglais de l'époque, dont Reynolds qui réalise trois scènes tirées de *Macbeth*, du *Songe d'une nuit d'été* et d'*Henry VI*. La Boydell Shakespeare Gallery est inaugurée à Londres en 1789. L'éditeur compte sur une large diffusion des œuvres par la gravure, mais les coûts engendrés par leur production et les guerres napoléoniennes, qui bloquent leur exportation, contribuent à la faillite de l'entreprise en 1805. Vendue aux enchères, la collection est alors dispersée et la plupart des peintures ne sont connues aujourd'hui que par leurs gravures.

CARACTÉRISTIQUES

L'ÉMINENT PORTRAITISTE

Dans ses *Discours*, Joshua Reynolds incite les jeunes peintres à étudier et à copier les œuvres de l'Antiquité et de la Renaissance italienne. Les poses doivent prendre exemple sur la statuaire gréco-romaine et les thèmes doivent être héroïques. Pour l'artiste, s'inspirer directement de la nature ne peut suffire à provoquer l'émotion du spectateur. Il faut élever son sujet et le rendre universel afin que l'art dure dans le temps et franchisse les frontières.

Pourtant, si Reynolds porte une profonde estime à la grande peinture d'histoire, il a peint très peu de sujets proprement historiques. En dépit de quelques thèmes religieux (*Le Petit Samuel en prière*, 1776) et mythologiques (*La Mort de Didon*, 1781 ; *Cupidon et une Nymphe*, 1784), son genre de prédilection reste le portrait. Un domaine où il excelle durant toute sa vie, éclipsant la plupart des peintres contemporains. Son talent réside dans sa façon unique d'insuffler de la vie à ses modèles par un effet de mouvement et une utilisation de la lumière qui donne l'impression au spectateur qu'ils vont sortir de la toile. La sincérité et le réalisme qui se dégagent de ses œuvres s'éloignent du maniérisme rococo de la génération de William Hogarth.

Joshua Reynolds a réalisé une quantité impressionnante de portraits, près de 2 000. Les personnalités les plus influentes de son temps ont défilé dans son atelier : aristocrates (le duc et la duchesse de Gloucester, la comtesse Talbot, Lady Spencer, la comtesse de Waldegrave, etc.), officiers (Augustus Keppel, Banastre Tarleton, etc.), comédiens et comédiennes (David Garrick, Sarah Siddons, Mrs Abington, Kitty Fisher, Miss Morris, etc.), intellectuels et écrivains (William Beckford, Oliver Goldsmith, Edmund Burke, Samuel Johnson, Fanny Burney, etc.) et bien d'autres encore. Mais à côté de ces grands portraits d'apparat, souvent réalisés de trois quarts ou en pied, l'artiste se montre particulièrement doué pour les portraits d'enfants. Et c'est avec une dextérité sans précédent qu'il accentue la candeur et la pureté de ces êtres innocents (*L'Âge d'Innocence*, vers 1785 ; *Master Crewe dans le rôle d'Henry VIII*, 1775 ; *Miss Bowles*, 1775, etc.).

Reynolds a consacré sa vie à élever le genre du portrait au niveau de la peinture d'histoire. L'influence de Michel-Ange et Raphaël, mais aussi de Rubens et de Rembrandt, est perceptible à travers un grand nombre de ses œuvres de façon plus ou moins directe. Une caractéristique qui lui vaut parfois de sévères critiques, ses détracteurs lui reprochant de plagier les maîtres anciens. Enfin, notons que dans certaines de ses compositions aux mises en scène grandioses, l'artiste s'amuse à croiser les genres en représentant ses modèles dans des postures héroïques (*Portrait de l'amiral Keppel*, 1753), mythiques (*Mrs Hartley en nymphe avec le jeune Bacchus*, 1773) ou allégoriques (*Sarah Siddons en muse de la tragédie*, 1784). Reynolds les habille à la mode antique et les accompagne d'attribut pour les magnifier (*Lady Elizabeth Gunning*, 1758-1760 ; *Lady Elizabeth Keppel*, 1761 ; *Lady Sarah Bunbury offrant un sacrifice aux Grâces*, 1765). Cependant, le peintre anglais est aussi capable de se montrer sobre dans des portraits plus intimes (*Miss Nelly O'Brien*, 1762-1764).

L'ARTISTE À L'ŒUVRE

Travailleur acharné, le peintre débute ses journées vers neuf heures. Après le petit déjeuner, il prépare sa toile et ses pigments, puis esquisse quelques croquis, avant d'accueillir ses modèles à partir de onze heures. Il travaille ensuite sans interruption jusqu'à seize heures, enchaînant les portraits pendant plusieurs heures, aidé de ses assistants auxquels il laisse le soin de peindre les costumes et les décors. Il ne signe pas toutes ses toiles, seulement les plus importantes. Les fins d'après-midi et les soirées sont réservées à ses amis et à sa vie en société.

Son élégant atelier de Leicester Fields est un important lieu de rencontre et de partage, propice à la discussion et à la flânerie. De forme octogonale, il est agrémenté de confortables sofas et jouit d'une ambiance chaleureuse accentuée par un feu de cheminée en hiver. Un fauteuil de pose à roulettes trône sur une estrade. Quant à Reynolds, il peint debout, généralement près de son modèle, avec une grande agilité. La théâtralité de son geste fait partie intégrante de sa manière de travailler. Il privilégie les pinceaux à manches longs et effectue des mouvements de va-et-vient incessants devant la toile pour prendre du recul vis-à-vis de son œuvre.

L'artiste dispose souvent un miroir en face de son modèle, ce qui lui permet d'avoir une vue générale de son sujet. Cet accessoire se révèle utile pendant les longues séances de pose, comme le raconte l'écrivain écossais James Beattie (1735-1803) : « Bien qu'ayant été assis pendant cinq heures, je ne me suis pas du tout senti fatigué grâce au miroir placé en face de moi dans lequel j'ai pu suivre chaque coup de pinceau ; cela m'a beaucoup amusé d'observer la progression du travail de Sir Joshua Reynolds exécuté avec un si grand talent. » (FORBES (Sir William), *An Account of the Life of James Beattie*, Édimbourg, A. Constable, 1807, p. 278)

UNE TECHNIQUE AUX CONSÉQUENCES DÉSASTREUSES

Dès son retour d'Italie, Reynolds se lance dans une quête acharnée de la couleur. Découvrir les secrets de l'école vénitienne, et de la technique de Titien en particulier, devient une véritable obsession. Aussi n'hésite-t-il pas à détruire des œuvres anciennes pour percer à jour le mystère de leur fabrication. Il multiplie les essais, combinant différents liants (cire, laque, bitume, etc.) et pigments à la recherche d'un rendu parfait. Le premier résultat est souvent impressionnant. Mais son utilisation excessive des différents médiums a des conséquences désastreuses sur son travail. Ses tableaux perdent rapidement leur éclat. Les glacis s'estompent, les couleurs s'affadissent. La peinture se craquèle, s'écaille et se fissure en un temps record, compromettant la conservation des œuvres. C'est la raison pour laquelle la majorité des toiles de l'artiste sont aujourd'hui en très mauvais état et ne peuvent rendre compte de la qualité originelle de leur exécution.

PORTRAIT DE L'AMIRAL AUGUSTUS KEPPEL

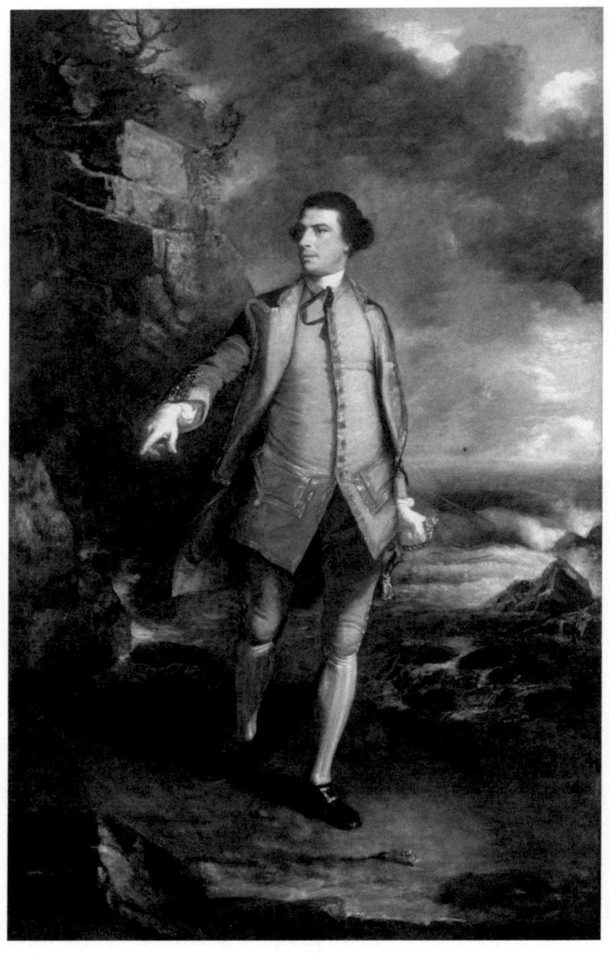

Portrait de l'amiral Augustus Keppel, 1752-1753, huile sur toile, 239 x 147,5 cm, Londres, National Maritime Museum.

C'est ce célèbre portrait de l'amiral Augustus Keppel qui lance véritablement la carrière londonienne de l'artiste. Il remporte un tel succès auprès du public qu'il propulse son auteur au rang du « plus grand peintre que l'Angleterre ait connu depuis Van Dyck » (MALONE (Edmond), *The Works of Sir Joshua Reynolds*, Londres, T. Cadell, 1798, p. 23).

Cet ami du peintre en compagnie duquel il effectue son grand voyage en Méditerranée est le fils du général William van Keppel (1702-1754), deuxième comte d'Albemarle, et de Lady Anne Lennox (1703-1789), petite-fille du roi Charles II d'Angleterre (1630-1685). Augustus Keppel est notamment connu pour avoir servi son pays dans la Royal Navy pendant la guerre de Sept Ans (1756-1763) et la guerre de l'Indépendance américaine. Reynolds l'a peint une première fois en 1749 dans un tableau le représentant à mi-corps en uniforme, le regard légèrement tourné vers la droite, sa flotte voguant à l'arrière-plan, et il peindra deux autres portraits de lui en 1765 et en 1779.

Cette version de 1752-1753, peinte à leur retour en Angleterre, porte clairement l'influence de son séjour italien. L'artiste a choisi d'immortaliser le jeune amiral dans la pose de l'*Apollon du Belvédère*, chef-d'œuvre de la statuaire antique des collections du Vatican. Cette fois, l'homme est représenté en pied, une main dirigée vers l'avant, l'autre fermement accrochée à la poignée de son épée. Plus sombre que le premier portrait, celui-ci montre un commandant sûr de lui, imperturbable face à une nature menaçante. Le ciel orageux et la mer capricieuse qui s'agitent derrière lui viennent renforcer la mise en scène dramatique. Sur la gauche, les ruines à flanc de falaise ferment cette audacieuse composition aux élans héroïques, anticipant un thème cher aux peintres romantiques.

MISS NELLY O'BRIEN

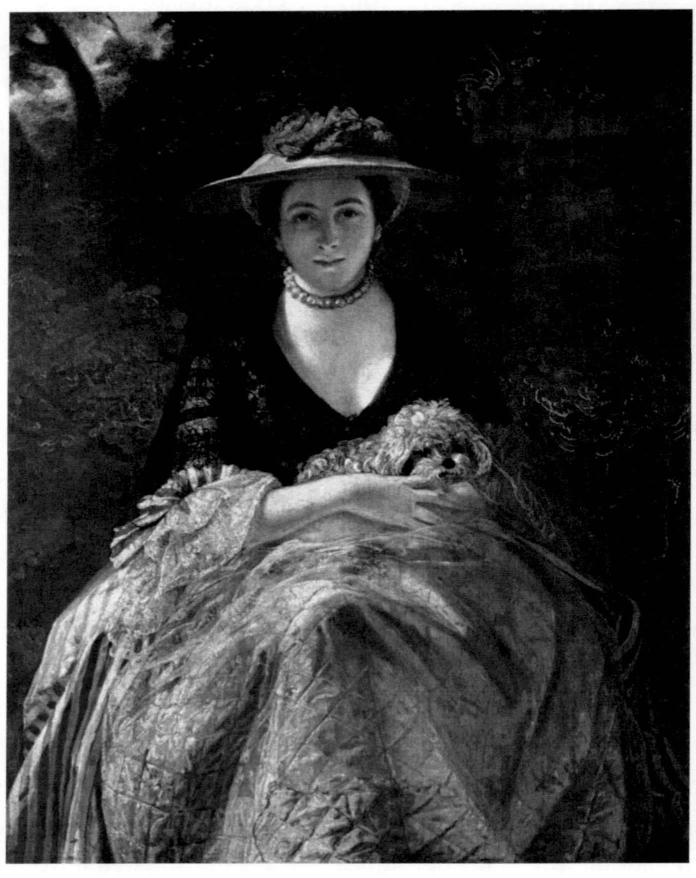

Miss Nelly O'Brien, 1762-1764, huile sur toile, 126,3 x101 cm, Londres, Wallace Collection.

Sir Joshua Reynolds a peint plusieurs fois Nelly O'Brien dans les années 1760. Cette courtisane et amie du peintre réputée pour sa beauté est, à l'époque, la maîtresse du vicomte de Bolingbroke et la rumeur raconte qu'un fils serait né de leur union illégitime.

La sobriété de ce portrait tranche avec le style habituel du peintre, probablement à cause de la position ambiguë de la jeune femme au sein de la hiérarchie sociale. Joshua Reynolds n'a pas à glorifier un quelconque pouvoir et fait dès lors preuve d'une grande simplicité pour donner à son tableau l'instantanéité d'un moment intime pris sur le vif. Nelly O'Brien est représentée de face, assise, tenant un petit chien dans ses bras, à la différence d'un autre portrait d'elle réalisé par l'artiste en 1768 dans lequel elle apparaît vêtue à l'antique, délicatement appuyée sur un piédestal sculpté.

L'imposante perruque poudrée en vogue au XVIIIᵉ siècle dans les milieux aristocratiques, que l'on retrouve dans d'autres portraits du peintre, laisse place ici à un simple chapeau de paille surmonté d'une élégante plume bleue. L'artiste excelle particulièrement à rendre les différentes matières du costume, comme le démontrent la finesse des broderies et des dentelles, la transparence du voile et la texture soyeuse du taffetas matelassé de la robe. Mais la principale force de ce tableau réside dans la parfaite maîtrise de l'ombre et de la lumière, et dans le jeu de reflets sur la peau de la courtisane. Reynolds fait preuve d'une étonnante modernité en choisissant d'éclairer partiellement son modèle par une douce lumière feutrée. Les analyses réalisées sur la toile révèlent que l'artiste a peint lui-même le costume, alors qu'il s'agissait habituel-lement d'une tâche dévolue à ses assistants. L'œuvre connaît un grand succès dès sa création, notamment grâce à sa reproduction par la gravure.

LADY COCKBURN ET SES TROIS FILS AÎNÉS

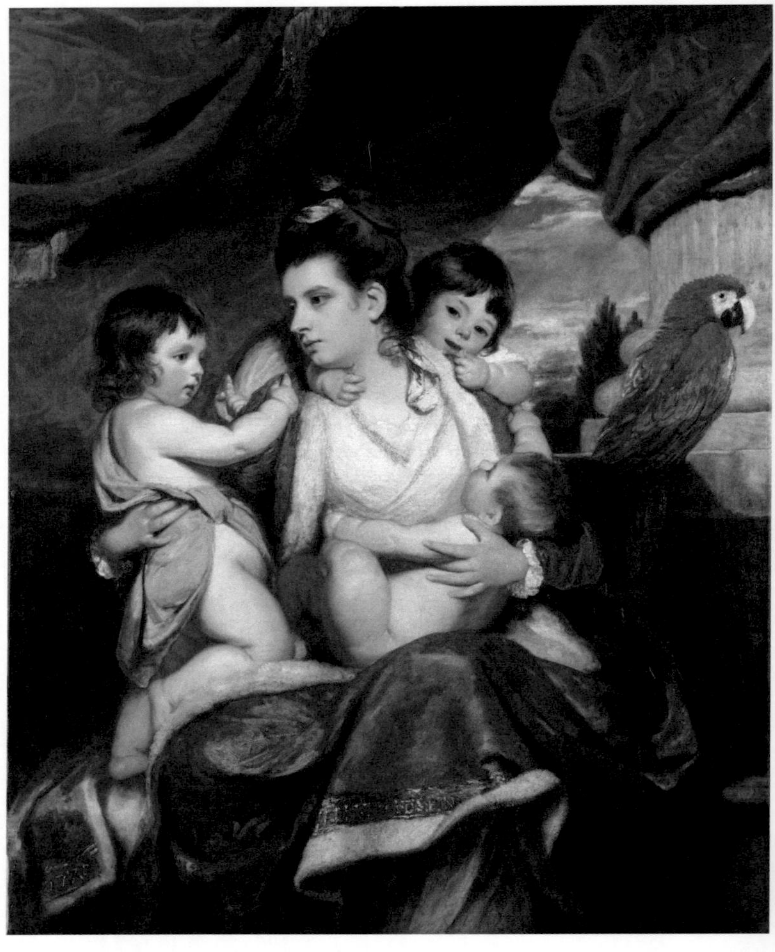

Lady Cockburn et ses trois fils aînés, 1773, huile sur toile, 141,5 x 113 cm, Londres, The National Gallery.

Augusta Anne (1749-1837), la femme du parlementaire anglais Sir James Cockburn (1729-1804), est représentée ici en compagnie de ses trois fils aînés : James (1771-1852), George (1772-1853) et William

(1773-1858). Le premier deviendra gouverneur des Bermudes, le second sera amiral et participera à l'expédition qui emmènera Napoléon Ier (1769-1821) en exil à Sainte-Hélène, tandis que le troisième entrera au service de l'Église.

Joshua Reynolds puise son inspiration dans différentes sources. Son tableau est une réinterprétation de *La Charité* (vers 1627-1628) du peintre Antoine Van Dyck (1599-1641), qui influença de nombreux artistes anglais au XVIIIe siècle. La composition est calquée sur cette allégorie de la Charité chrétienne, du rideau laissant apparaître un ciel nuageux à l'arrière-plan au drapé de la figure féminine, jusque dans la disposition des enfants autour d'elle. De plus, la position du plus âgé des fils, sur la gauche, évoque la figure de Cupidon dans la célèbre *Toilette de Vénus* de l'artiste espagnol Diego Velásquez (1599-1660). Enfin, la présence du perroquet est un clin d'œil aux compositions de Pierre Paul Rubens.

Dans une mise en scène fastueuse célébrant les joies de la maternité, le peintre nous livre sa propre version de la charité. La jeune maman ne semble pas prêter attention au spectateur, trop absorbée par l'énergie que lui demandent ses trois adorables enfants. L'air malicieux, George nous convie à participer à cette scène de tendresse. L'artiste a choisi de contrebalancer la vitalité du trio central en plaçant, à droite, un somptueux ara aux couleurs chatoyantes. C'est un animal de compagnie qu'il connaît bien car il en possède un.

Ce splendide portrait exalte l'idéal néoclassique, selon lequel un peintre doit toujours chercher à ennoblir son sujet. Lors de son septième *Discours* en 1776, l'artiste conseille aux portraitistes d'éviter de peindre leurs modèles dans des habits modernes, mais plutôt de les vêtir d'un drapé à l'antique, tout en préservant une partie du costume de leur époque pour les rendre plus ressemblants.

Un pari réussi dans cette œuvre partagée entre tradition et modernité. Ni tout à fait antique, ni tout à fait moderne, la robe de Lady Cockburn possède une élégance intemporelle. Et c'est avec fierté que l'artiste a choisi d'apposer sa signature sur son ourlet doré.

CORNÉLIE ET SES ENFANTS

Quand il apprend que le tableau est destiné à être gravé, Sir James Cockburn refuse que le nom de sa femme apparaisse sur la reproduction. Aussi, pour préserver l'anonymat d'Augusta Anne, le portrait est-il renommé *Cornélie et ses enfants* sur la gravure, en référence à la patricienne romaine Cornélie (vers 189-110 av. J.-C.), mère des Gracques, qui considérait que ses enfants étaient ses seuls joyaux.

MISS JANE BOWLES

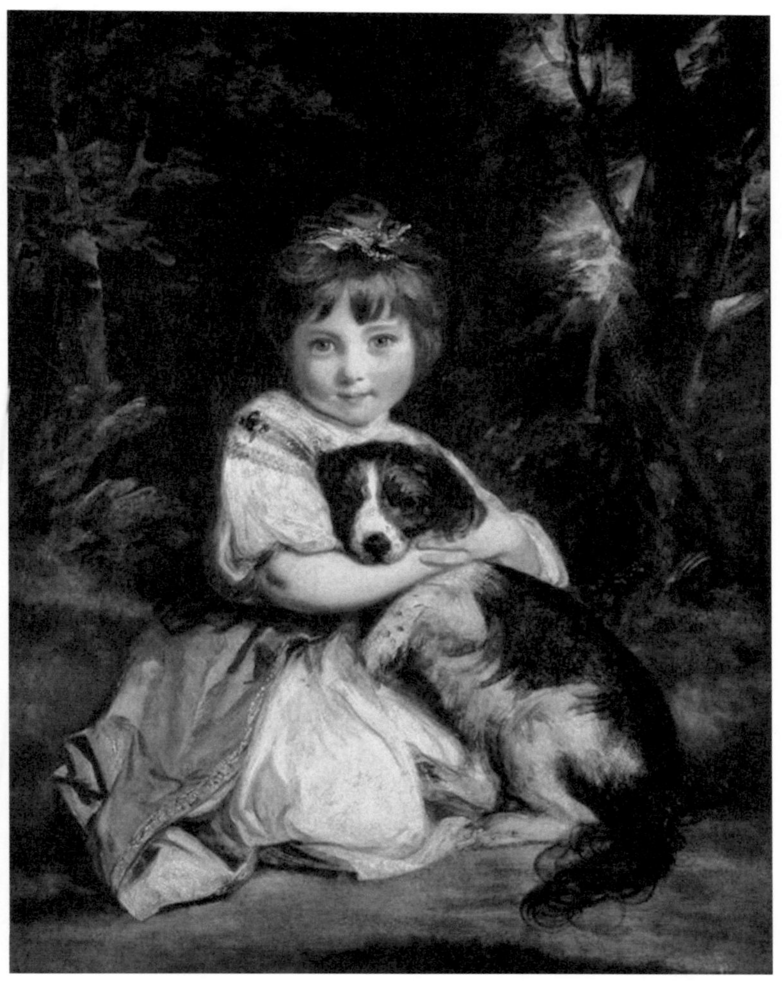

Miss Jane Bowles, 1775, huile sur toile, 91 x 70,9 cm, Londres, Wallace Collection.

Cette œuvre est caractéristique de la manière de l'artiste, qui a acquis une solide réputation dans la représentation des enfants, une de ses spécialités. Jane est la fille aînée du peintre amateur, mécène et musicien Oldfield Bowles (1739-1810). Elle est ici représentée à l'âge de trois ans.

Le biographe de Reynolds, Charles Robert Leslie (1794-1859), nous raconte une anecdote intéressante à son sujet. Les Bowles avaient tout d'abord pensé confier le portrait de leur fille à un concurrent de Reynolds, le peintre George Romney, mais un de leurs amis, Sir George Beaumont (1753-1827), leur conseille plutôt de faire appel à Reynolds. « Ses toiles vieillissent mal », répliquent les Bowles, et Beaumont de leur rétorquer que « même une peinture passée de Reynolds serait une des plus belles choses qu'ils pourraient avoir ». Ce dernier leur recommande alors d'inviter le peintre à dîner pour voir comment il se comporte avec Jane : « La fillette fut placée aux côtés de Sir Joshua au dessert, et il l'amusa tellement avec ses histoires et ses blagues qu'elle le trouva l'homme le plus charmant du monde... Le lendemain, elle fut ravie d'aller chez lui et posa avec une expression radieuse que l'artiste saisit instantanément. » (LESLIE (Charles Robert), *Life and Times of Sir Joshua Reynolds*, volume 2, Londres, John Murray, 1865, p. 135)

Le tableau est une réussite totale et transmet avec beaucoup de fidélité la sincérité de l'instant. Le portrait frappe le spectateur par sa fraîcheur et sa délicatesse. Les pommettes rosées, les yeux complices et brillants, la fillette est montrée serrant maladroitement un chien dans ses petits bras potelés. Le peintre l'a immortalisée dans une expression sincère qui renferme toute la grâce et l'innocence de l'enfance.

SARAH SIDDONS EN MUSE DE LA TRAGÉDIE

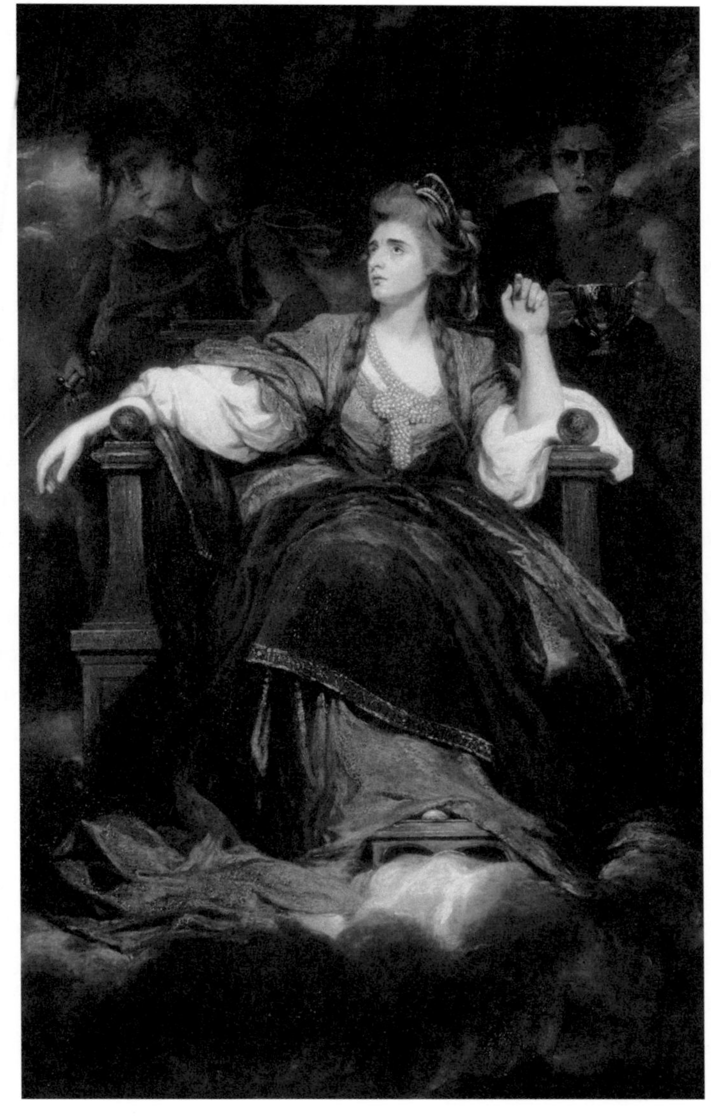

Sarah Siddons en muse de la tragédie, 1783-1784, huile sur toile, 239,4 x 147,6 cm, San Marino, The Huntington Library, Art Collections.

Véritable triomphe à l'exposition de la Royal Academy de 1784, le portrait de Sarah Siddons est le chef-d'œuvre incontesté du maître. Il est aussi, sur les centaines de tableaux qui représentent la tragédienne, probablement le plus ressemblant. Il existe une deuxième version de cette toile, réalisée par l'artiste en 1789 et qui se trouve à la Dulwich Picture Gallery de Londres.

À l'époque de ce portrait, Sarah Siddons est la plus grande étoile montante du théâtre anglais. Issue d'une famille de comédiens d'origine galloise, elle brille depuis plusieurs années au théâtre de Drury Lane dans des rôles shakespeariens, notamment celui de Lady Macbeth. Reine de la tragédie, elle tient en émoi tout le public londonien par son interprétation dramatique. Quand elle arrive à l'atelier de Reynolds en 1782, l'artiste la conduit au fauteuil de pose placé au milieu de l'estrade en lui demandant de prendre l'attitude d'une muse tragique. Sarah Siddons s'exécute en incarnant son rôle avec le plus grand professionnalisme, ce qui donne au portrait cet élan épique. Au départ, son visage devait être disposé différemment, mais alors que le peintre la quitte des yeux pour préparer ses couleurs, elle lève la tête vers un tableau accroché sur l'un des murs de l'atelier. Reynolds est séduit par ce changement de position et demande à l'actrice de garder la pose. Satisfait du résultat final, il signe fièrement sa toile sur le revers de la robe comme dans le portrait de Lady Cockburn.

Sarah Siddons est peinte grandeur nature, trônant au milieu des nuages, entourée des allégories de la pitié et de la peur, les deux ficelles de la tragédie. Son attitude triomphante fait écho au prophète Isaïe peint par Michel-Ange sur le plafond de la chapelle Sixtine. À sa droite, la Pitié au visage grimaçant tient un calice empoisonné. À sa gauche, incarnée par le crime, la Peur serre dans sa main une dague. Ici encore, le peintre fait preuve d'une savante maîtrise des contrastes. Les deux figures féminines disparaissent dans l'ombre de la tragédienne dont la lumière semble irradier de l'intérieur. Chaque détail du costume est pensé pour asseoir sa suprématie au théâtre pour l'éternité (diadème, robe brodée à l'or, collier de perles à deux rangées entrelacées, etc.). Avec ce magistral portrait d'apparat, Reynolds signe la consécration de leurs deux carrières.

SIR JOSHUA REYNOLDS, UNE SOURCE D'INSPIRATION

La place qu'occupe Joshua Reynolds dans l'histoire de la peinture anglaise est comparable à celle de Nicolas Poussin (1594-1665) ou de Jacques-Louis David en France. Peut-être est-elle même plus importante encore, compte tenu de son implication dans la naissance de la Royal Academy. Il fait partie de ces peintres qui ont connu une renommée rapide et ininterrompue jusqu'à la fin de leur vie. Par ailleurs, il a formé de nombreux artistes dont le plus célèbre est James Northcote (1746-1831). Mais son apport n'est pas seulement esthétique. Ses quinze *Discours*, publiés à titre posthume en 1797, constituent la plus importante contribution anglaise à la théorie des arts occidentaux. Inspirés par le modèle néoclassique français, ils exercent un impact immense sur les artistes anglais de la fin du XVIIIe siècle au début du XXe siècle.

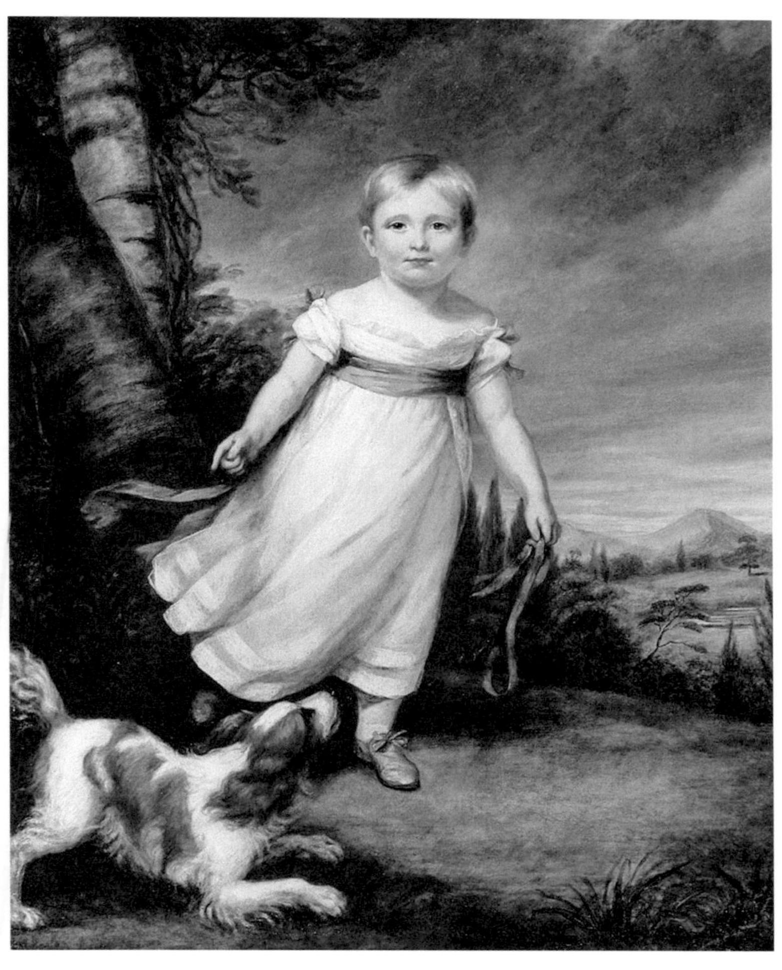

NORTHCOTE (James), *Portrait de John Ruskin à l'âge de trois ans*, 1822, huile sur toile, 126,7 x 101 cm, Londres, The National Gallery.

À la fois assistant, ami et premier biographe du peintre, James Northcote adopte dans ses portraits un style très proche de celui de Reynolds. Réalisée en 1822, sa représentation du critique d'art John Ruskin (1819-1900) à l'âge de trois ans présente plusieurs similitudes avec le portrait de Jane Bowles. La présence du petit cavalier

King Charles qui s'agite au premier plan, le visage joufflu et rosé de l'enfant, et la mise en scène bucolique rappellent incontestablement la manière de son maître.

Dès la fin du XVIIIe siècle, Reynolds inspire de nombreux portraitistes tels que Thomas Beach (1738-1806), William Beechey (1753-1839), Henry Raeburn (1756-1823), John Hoppner (1758-1810) ou encore Thomas Lawrence (1769-1830). En 1823, ce dernier déclare même à la Royal Academy, dont il assume la présidence, que le portrait de Siddons en muse de la tragédie est « le plus beau portrait de femme jamais peint » (WILLIAMS (D.E.), *The Life and Correspondence of Sir Thomas Lawrence*, volume 2, Londres, Henry Coburn et Richard Bentley, 1831, p. 442).

Au début du XIXe siècle, le maître exerce une influence considérable sur la génération de William Turner (1775-1851) et de John Constable (1776-1837). Suivant le modèle de leur aîné, ces deux grandes figures de l'art anglais cherchent à élever la peinture de paysage, comme l'a fait Reynolds avant eux avec le portrait. Entre 1833 et 1836, en hommage à l'artiste, Constable peint son cénotaphe dans un magnifique paysage. Surmonté des bustes de Michel-Ange et de Raphaël, le monument avait été érigé en 1812 par Sir George Beaumont dans le parc de sa résidence de Coleorton. Comme son rival, Turner est un fervent admirateur du peintre. D'ailleurs, conformément à son souhait d'être enterré à ses côtés, il repose auprès de lui dans la cathédrale Saint-Paul.

La renommée de Reynolds ne s'essouffle pas avec le temps. Son autorité sur les arts retentit jusqu'à la fin du XIXe siècle et l'avènement de la modernité. Ainsi, dans les années 1870, le peintre John Everett Millais (1829-1896) se détourne de l'idéal préraphaélite de sa jeunesse pour revenir à un style hérité de Reynolds. En 1872, il peint les trois filles de Walter Armstrong (1850-1918), *Atout Cœur*, dans une composition sans aucun doute inspirée par le célèbre portrait des *Demoiselles Waldegrave* (1770-1780) de son compatriote. L'histoire de ce tableau est celle d'un défi brillamment relevé par l'artiste. Dans un article traitant des œuvres du peintre, un journaliste écrit que Millais est incapable de représenter un portrait de trois femmes en habits d'époque aussi beau que celui des sœurs Waldegrave. Piqué au vif par cette déclaration, Millais prend l'attaque très au sérieux et se met à la réalisation de ce magnifique trio. Elizabeth, Diana et Mary, les filles du critique d'art Walter Armstrong, sont représentées au même âge que les sœurs Waldegrave, soit une vingtaine d'années. Le pari est réussi : le tableau fait sensation à l'exposition de la Royal Academy de 1872.

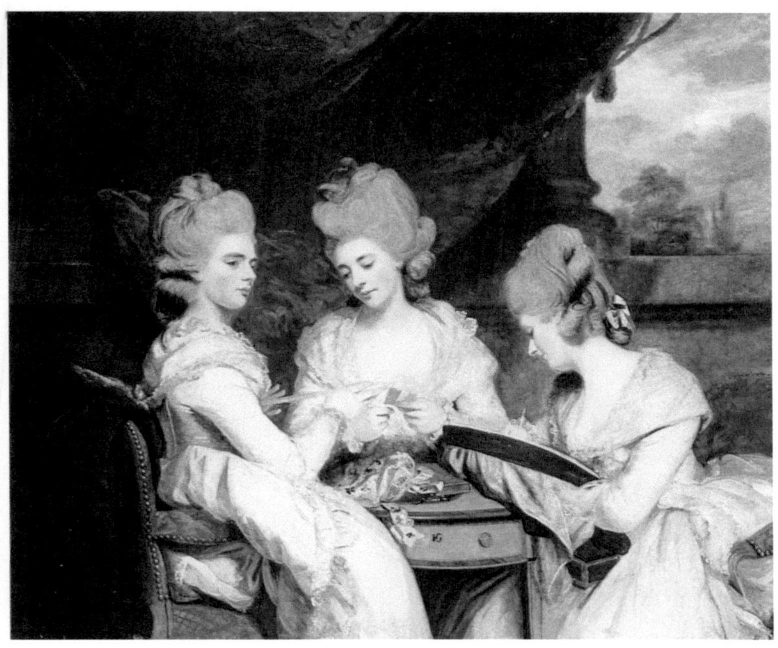

REYNOLDS (Sir Joshua), *Les Demoiselles Waldegrave*, 1770-1780, huile sur toile, 143,5 x 168, Édimbourg, Scottich National Gallery.

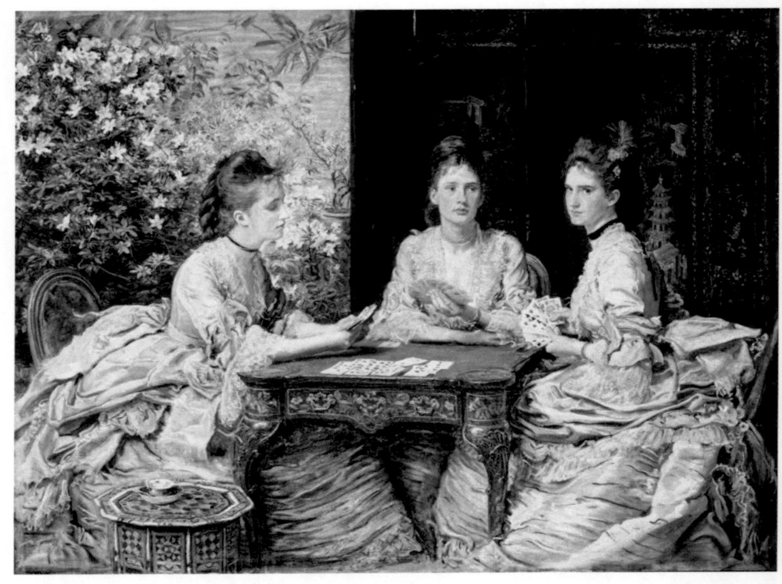

MILLAIS (Sir John Everett), *Atout Cœur*, 1872, huile sur toile, collection privée.

EN RÉSUMÉ

- Sir Joshua Reynolds, né en 1723 dans la banlieue de Plymouth, connaît un franc succès à Londres auprès de l'aristocratie anglaise et devient rapidement le portraitiste le plus important de sa génération.

- Son voyage en Italie entre 1749 et 1752 a un impact considérable sur sa manière de peindre. Fasciné par l'art de Michel-Ange, de Raphaël et de Titien, l'artiste abandonne alors le maniérisme rococo hérité de William Hogarth.

- Membre fondateur lors de sa création en 1768, il est le premier président de la Royal Academy. Ses *Discours* délivrés dans cette prestigieuse institution représentent le plus grand ensemble théorique consacré à la peinture par un artiste anglais.

- Reynolds a contribué à élever le portrait au même rang que la peinture d'histoire. Il est reconnu pour ses portraits d'apparat au réalisme saisissant et ses mises en scène fastueuses inspirées de l'Antiquité. Mais il est aussi capable de se montrer simple dans des tableaux plus intimes. Parmi ses toiles les plus connues figurent le *Portrait de l'amiral Augustus Keppel, Lady Cockburn et ses trois fils aînés, Les Demoiselles Waldegrave* et *Miss Nelly O'Brien*. Mais son plus grand chef-d'œuvre est sans conteste le portrait de *Sarah Siddons en muse de la tragédie*, peint en 1783-1784.

- Malheureusement, en utilisant des médiums corrosifs, Reynolds a involontairement précipité la détérioration de ses œuvres et la plupart d'entre elles ont mal résisté au temps.

- Sir Joshua Reynolds est un véritable mentor pour plusieurs générations d'artistes anglais, de la fin du XVIIIe siècle au début du XXe siècle. James Northcote, William Turner ou encore John Everett Millais ont tous été fortement marqués par son art.

POUR ALLER PLUS LOIN

SOURCES BIBLIOGRAPHIQUES

* DUFFY (Stephen) et HEDLEY (Joanne), *The Wallace Collection's Pictures. A Complete Catalogue*, Londres, Unicorn Press, 2011.
* FORBES (Sir William), *An Account of the Life of James Beattie*, Édimbourg, A. Constable, 1807.
* GOWER (Ronald Sutherland), *Sir Joshua Reynolds. His Life and Art*, Londres, George Bell and Sons, 1902.
* HUMPHREYS (Richard), *Tate Britain Companion to British Art*, Londres, Tate Publishing, 2007.
* *Joshua Reynolds: The Creation of Celebrity*, catalogue d'exposition (Londres, Tate Britain, 26 mai-18 septembre 2005), Londres, Tate Publishing, 2005.
* LANGMUIR (Erika), *The National Gallery. Le guide*, Londres, National Gallery Company Limited, 2006.
* *L'Antiquité rêvée. Innovations et résistances au XVIIIe siècle*, catalogue d'exposition (Paris, musée du Louvre, 2 décembre 2010-14 février 2011), Paris, Gallimard, 2010.
* LESLIE (Charles Robert), *Life and Times of Sir Joshua Reynolds*, volume 2, Londres, John Murray, 1865.
* MALONE (Edmond), *The Works of Sir Joshua Reynolds*, Londres, T. Cadell, 1798.
* MANNINGS (David), *Sir Joshua Reynolds. A Complete Catalogue of His Paintings*, New Haven, Yale University Press, 2000
* MILLAIS (John Guille), *The Life and Letters of Sir John Everett Millais*, volume 2, Londres, Methuen & Co, 1899.
* NORTCHOTE (James), *Memoirs of Sir Joshua Reynolds*, Philadelphie, M. Carey and Son, 1817.

- REYNOLDS (Sir Joshua), *Discourses on Painting and the Fine Arts, Delivered at Royal Academy*, Londres, Edward Lumley, 1850.
- WILLIAMS (D.E.), *The Life and Correspondence of Sir Thomas Lawrence*, volume 2, Londres, Henry Coburn et Richard Bentley, 1831.

SOURCES ICONOGRAPHIQUES

- MILLAIS (Sir John Everett), *Atout Cœur*, 1872, huile sur toile, collection privée. La photo reproduite est réputée libre de droits.
- NORTHCOTE (James), *Portrait de John Ruskin à l'âge de trois ans*, 1822, huile sur toile, 126,7 x 101 cm, Londres, The National Gallery. La photo reproduite est réputée libre de droits.
- REYNOLDS (Sir Joshua), *Lady Cockburn et ses trois fils aînés*, 1773, huile sur toile, 141,5 x 113 cm, Londres, The National Gallery. La photo reproduite est réputée libre de droits.
- REYNOLDS (Sir Joshua), *Les Demoiselles Waldegrave*, 1770-1780, huile sur toile, 143,5 x 168 cm, Édimbourg, Scottich National Gallery. La photo reproduite est réputée libre de droits.
- REYNOLDS (Sir Joshua), *Miss Jane Bowles*, 1775, huile sur toile, 91 x 70,9 cm, Londres, Wallace Collection. La photo reproduite est réputée libre de droits.
- REYNOLDS (Sir Joshua), *Miss Nelly O'Brien*, 1762-1764, huile sur toile, 126,3 x 101 cm, Londres, Wallace Collection. La photo reproduite est réputée libre de droits.
- REYNOLDS (Sir Joshua), *Portrait de l'amiral Augustus Keppel*, 1752-1753, huile sur toile, 239 x 147,5 cm, Londres, National Maritime Museum. La photo reproduite est réputée libre de droits.
- REYNOLDS (Sir Joshua), *Sarah Siddons en muse de la tragédie*, 1783-1784, huile sur toile, 239,4 x 147,6 cm, San Marino, The Huntington Library, Art Collections. La photo reproduite est réputée libre de droits.

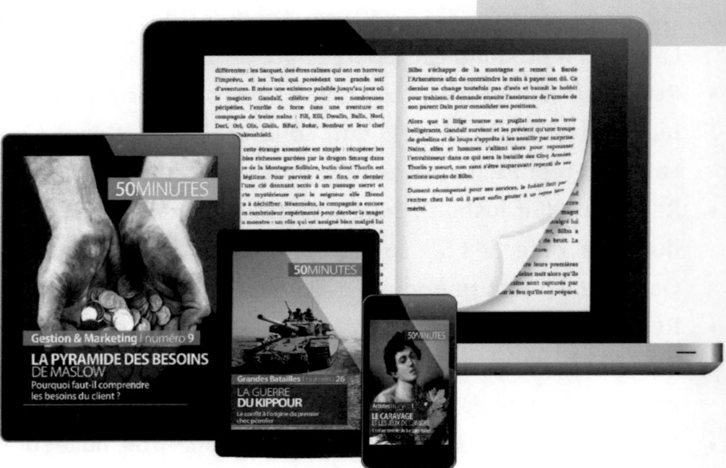

www.50minutes.com

Éditeur responsable : Lemaitre Publishing
Rue Lemaitre 6 | BE-5000 Namur
info@lemaitre-editions.com

ISBN ebook : 978-2-8062-6185-4
ISBN papier : 978-2-8062-6186-1
Dépôt légal : D/2015/12603/24
Photo de couverture : © *Sarah Siddons en muse de la tragédie* (1783-1784), par Sir Joshua Reynolds.

Conception numérique : Primento,
le partenaire numérique des éditeurs